Rezept

Zubereitung

Tipp aus TV oder von
- Mutter
- Oma
- Kochbuch
- Freundin
- Freund
- Eigenidee

Zutaten

Rezept

Zubereitung

Tipp aus TV oder von
- Mutter
- Oma
- Kochbuch
- Freundin
- Freund
- Eigenidee

Zutaten

Rezept

Zubereitung

Tipp aus TV ○
oder von
Mutter ○
Oma ○
Kochbuch ○
Freundin ○
Freund ○
Eigenidee ○

Zutaten

Rezept

Zubereitung

Tipp aus TV ○
oder von
Mutter ○
Oma ○
Kochbuch ○
Freundin ○
Freund ○
Eigenidee ○

Zutaten

Rezept

Zubereitung

Tipp aus TV ●
oder von
Mutter ●
Oma ●
Kochbuch ●
Freundin ●
Freund ●
Eigenidee ●

Zutaten

Rezept

Zubereitung

Tipp aus TV oder von
- Mutter
- Oma
- Kochbuch
- Freundin
- Freund
- Eigenidee

Zutaten

Rezept

Zubereitung

Tipp aus TV ●
oder von
Mutter ●
Oma ●
Kochbuch ●
Freundin ●
Freund ●
Eigenidee ●

Zutaten

Rezept

Zubereitung

Zutaten

Tipp aus TV ●
oder von
Mutter ●
Oma ●
Kochbuch ●
Freundin ●
Freund ●
Eigenidee ●

Rezept

Zubereitung

Tipp aus TV ●
oder von
Mutter ●
Oma ●
Kochbuch ●
Freundin ●
Freund ●
Eigenidee ●

Zutaten

Rezept

Zubereitung

Tipp aus TV
oder von
Mutter
Oma
Kochbuch
Freundin
Freund
Eigenidee

Zutaten

Rezept

Zubereitung

Tipp aus TV ●
oder von
Mutter ●
Oma ●
Kochbuch ●
Freundin ●
Freund ●
Eigenidee ●

Zutaten

Rezept

Zubereitung

Tipp aus TV ○
oder von
Mutter ○
Oma ○
Kochbuch ○
Freundin ○
Freund ○
Eigenidee ○

Zutaten

Rezept

Zubereitung

Tipp aus TV ●
oder von
Mutter ●
Oma ●
Kochbuch ●
Freundin ●
Freund ●
Eigenidee ●

Zutaten

Rezept

Zubereitung

Tipp aus TV ●
oder von
Mutter ●
Oma ●
Kochbuch ●
Freundin ●
Freund ●
Eigenidee ●

Zutaten

Rezept

Zubereitung

Tipp aus TV oder von
- Mutter
- Oma
- Kochbuch
- Freundin
- Freund
- Eigenidee

Zutaten

Rezept

Zubereitung

Tipp aus TV
oder von
Mutter ●
Oma ●
Kochbuch ●
Freundin ●
Freund ●
Eigenidee ●

Zutaten

Rezept

Zubereitung

Tipp aus TV oder von
- Mutter
- Oma
- Kochbuch
- Freundin
- Freund
- Eigenidee

Zutaten

Rezept

Zubereitung

Tipp aus TV oder von
- Mutter
- Oma
- Kochbuch
- Freundin
- Freund
- Eigenidee

Zutaten

Rezept

Zubereitung

Tipp aus TV oder von
- Mutter
- Oma
- Kochbuch
- Freundin
- Freund
- Eigenidee

Zutaten

Rezept

Zubereitung

Tipp aus TV ●
oder von
Mutter ●
Oma ●
Kochbuch ●
Freundin ●
Freund ●
Eigenidee ●

Zutaten

Rezept

Zubereitung

Tipp aus TV oder von
- Mutter
- Oma
- Kochbuch
- Freundin
- Freund
- Eigenidee

Zutaten

Rezept

Zubereitung

Tipp aus TV ●
oder von
Mutter ●
Oma ●
Kochbuch ●
Freundin ●
Freund ●
Eigenidee ●

Zutaten

Rezept

Zubereitung

Tipp aus TV ●
oder von
Mutter ●
Oma ●
Kochbuch ●
Freundin ●
Freund ●
Eigenidee ●

Zutaten

Rezept

Zubereitung

Tipp aus TV ○
oder von
Mutter ○
Oma ○
Kochbuch ○
Freundin ○
Freund ○
Eigenidee ○

Zutaten

Rezept

Zubereitung

Tipp aus TV oder von
- Mutter
- Oma
- Kochbuch
- Freundin
- Freund
- Eigenidee

Zutaten

Rezept

Zubereitung

Tipp aus TV ●
oder von
Mutter ●
Oma ●
Kochbuch ●
Freundin ●
Freund ●
Eigenidee ●

Zutaten

Rezept

Zubereitung

Tipp aus TV oder von
- Mutter
- Oma
- Kochbuch
- Freundin
- Freund
- Eigenidee

Zutaten

Rezept

Zubereitung

Tipp aus TV ●
oder von
Mutter ●
Oma ●
Kochbuch ●
Freundin ●
Freund ●
Eigenidee ●

Zutaten

Rezept

Zubereitung

Tipp aus TV ○
oder von
Mutter ○
Oma ○
Kochbuch ○
Freundin ○
Freund ○
Eigenidee ○

Zutaten

Rezept

Zubereitung

Tipp aus TV ○
oder von
Mutter ○
Oma ○
Kochbuch ○
Freundin ○
Freund ○
Eigenidee ○

Zutaten

Rezept

Zubereitung

Tipp aus TV ●
oder von
Mutter ●
Oma ●
Kochbuch ●
Freundin ●
Freund ●
Eigenidee ●

Zutaten

Rezept

Zubereitung

Tipp aus TV ●
oder von
Mutter ●
Oma ●
Kochbuch ●
Freundin ●
Freund ●
Eigenidee ●

Zutaten

Rezept

Zubereitung

Tipp aus TV ○
oder von
Mutter ○
Oma ○
Kochbuch ○
Freundin ○
Freund ○
Eigenidee ○

Zutaten

Rezept

Zubereitung

Tipp aus TV ●
oder von
Mutter ●
Oma ●
Kochbuch ●
Freundin ●
Freund ●
Eigenidee ●

Zutaten

Rezept

Zubereitung

Tipp aus TV ●
oder von
Mutter ●
Oma ●
Kochbuch ●
Freundin ●
Freund ●
Eigenidee ●

Zutaten

Rezept

Zubereitung

Tipp aus TV oder von
- Mutter ○
- Oma ○
- Kochbuch ○
- Freundin ○
- Freund ○
- Eigenidee ○

Zutaten

Rezept

Zubereitung

Tipp aus TV ○
oder von
Mutter ○
Oma ○
Kochbuch ○
Freundin ○
Freund ○
Eigenidee ○

Zutaten

Rezept

Zubereitung

Tipp aus TV ●
oder von
Mutter ●
Oma ●
Kochbuch ●
Freundin ●
Freund ●
Eigenidee ●

Zutaten

Rezept

Zubereitung

Tipp aus TV ●
oder von
Mutter ●
Oma ●
Kochbuch ●
Freundin ●
Freund ●
Eigenidee ●

Zutaten

Rezept

Zubereitung

Tipp aus TV ●
oder von
Mutter ●
Oma ●
Kochbuch ●
Freundin ●
Freund ●
Eigenidee ●

Zutaten

Rezept

Zubereitung

Tipp aus TV ●
oder von
Mutter ●
Oma ●
Kochbuch ●
Freundin ●
Freund ●
Eigenidee ●

Zutaten

Rezept

Zubereitung

Zutaten

Tipp aus TV ●
oder von
Mutter ●
Oma ●
Kochbuch ●
Freundin ●
Freund ●
Eigenidee ●

Rezept

Zubereitung

Tipp aus TV ●
oder von
Mutter ●
Oma ●
Kochbuch ●
Freundin ●
Freund ●
Eigenidee ●

Zutaten

Rezept

Zubereitung

Tipp aus TV ●
oder von
Mutter ●
Oma ●
Kochbuch ●
Freundin ●
Freund ●
Eigenidee ●

Zutaten

Rezept

Zubereitung

Tipp aus TV oder von
- Mutter
- Oma
- Kochbuch
- Freundin
- Freund
- Eigenidee

Zutaten

Rezept

Zubereitung

Tipp aus TV oder von
- Mutter ●
- Oma ●
- Kochbuch ●
- Freundin ●
- Freund ●
- Eigenidee ●

Zutaten

Rezept

Zubereitung

Tipp aus TV ○
oder von
Mutter ○
Oma ○
Kochbuch ○
Freundin ○
Freund ○
Eigenidee ○

Zutaten

Rezept

Zubereitung

Tipp aus TV ○
oder von
Mutter ○
Oma ○
Kochbuch ○
Freundin ○
Freund ○
Eigenidee ○

Zutaten

Rezept

Zubereitung

Tipp aus TV oder von
- Mutter
- Oma
- Kochbuch
- Freundin
- Freund
- Eigenidee

Zutaten

Rezept

Zubereitung

Tipp aus TV ●
oder von
Mutter ●
Oma ●
Kochbuch ●
Freundin ●
Freund ●
Eigenidee ●

Zutaten

Rezept

Zubereitung

Tipp aus TV ●
oder von
Mutter ●
Oma ●
Kochbuch ●
Freundin ●
Freund ●
Eigenidee ●

Zutaten

Rezept

Zubereitung

Tipp aus TV ●
oder von
Mutter ●
Oma ●
Kochbuch ●
Freundin ●
Freund ●
Eigenidee ●

Zutaten

Rezept

Zubereitung

Tipp aus TV ●
oder von
Mutter ●
Oma ●
Kochbuch ●
Freundin ●
Freund ●
Eigenidee ●

Zutaten

Rezept

Zubereitung

Tipp aus TV ●
oder von
Mutter ●
Oma ●
Kochbuch ●
Freundin ●
Freund ●
Eigenidee ●

Zutaten

Rezept

Zubereitung

Tipp aus TV oder von
- Mutter ○
- Oma ○
- Kochbuch ○
- Freundin ○
- Freund ○
- Eigenidee ○

Zutaten

Rezept

Zubereitung

Tipp aus TV ●
oder von
Mutter ●
Oma ●
Kochbuch ●
Freundin ●
Freund ●
Eigenidee ●

Zutaten

Rezept

Zubereitung

Tipp aus TV ○
oder von
Mutter ○
Oma ○
Kochbuch ○
Freundin ○
Freund ○
Eigenidee ○

Zutaten

Rezept

Zubereitung

Tipp aus TV ●
oder von
Mutter ●
Oma ●
Kochbuch ●
Freundin ●
Freund ●
Eigenidee ●

Zutaten

Rezept

Zubereitung

Tipp aus TV oder von
- Mutter
- Oma
- Kochbuch
- Freundin
- Freund
- Eigenidee

Zutaten

Rezept

Zubereitung

Zutaten

Tipp aus TV ○
oder von
Mutter ○
Oma ○
Kochbuch ○
Freundin ○
Freund ○
Eigenidee ○

Rezept

Zubereitung

Tipp aus TV ●
oder von
Mutter ●
Oma ●
Kochbuch ●
Freundin ●
Freund ●
Eigenidee ●

Zutaten

Rezept

Zubereitung

Tipp aus TV ○
oder von
Mutter ○
Oma ○
Kochbuch ○
Freundin ○
Freund ○
Eigenidee ○

Zutaten

Rezept

Zubereitung

Tipp aus TV oder von
- Mutter
- Oma
- Kochbuch
- Freundin
- Freund
- Eigenidee

Zutaten

Rezept

Zubereitung

Tipp aus TV ●
oder von
Mutter ●
Oma ●
Kochbuch ●
Freundin ●
Freund ●
Eigenidee ●

Zutaten

Rezept

Zubereitung

Tipp aus TV ●
oder von
Mutter ●
Oma ●
Kochbuch ●
Freundin ●
Freund ●
Eigenidee ●

Zutaten

Rezept

Zubereitung

Tipp aus TV ●
oder von
Mutter ●
Oma ●
Kochbuch ●
Freundin ●
Freund ●
Eigenidee ●

Zutaten

Rezept

Zubereitung

Tipp aus TV oder von
- Mutter ○
- Oma ○
- Kochbuch ○
- Freundin ○
- Freund ○
- Eigenidee ○

Zutaten

Rezept

Zubereitung

Zutaten

Tipp aus TV ●
oder von
Mutter ●
Oma ●
Kochbuch ●
Freundin ●
Freund ●
Eigenidee ●

Rezept

Zubereitung

Tipp aus TV ●
oder von
Mutter ●
Oma ●
Kochbuch ●
Freundin ●
Freund ●
Eigenidee ●

Zutaten

Rezept

Zubereitung

Tipp aus TV ○
oder von
Mutter ○
Oma ○
Kochbuch ○
Freundin ○
Freund ○
Eigenidee ○

Zutaten

Rezept

Zubereitung

Tipp aus TV ○
oder von
Mutter ○
Oma ○
Kochbuch ○
Freundin ○
Freund ○
Eigenidee ○

Zutaten

Rezept

Zubereitung

Tipp aus TV ●
oder von
Mutter ●
Oma ●
Kochbuch ●
Freundin ●
Freund ●
Eigenidee ●

Zutaten

Rezept

Zubereitung

Tipp aus TV oder von
- Mutter
- Oma
- Kochbuch
- Freundin
- Freund
- Eigenidee

Zutaten

Rezept

Zubereitung

Tipp aus TV oder von
- Mutter ○
- Oma ○
- Kochbuch ○
- Freundin ○
- Freund ○
- Eigenidee ○

Zutaten

Rezept

Zubereitung

Tipp aus TV ●
oder von
Mutter ●
Oma ●
Kochbuch ●
Freundin ●
Freund ●
Eigenidee ●

Zutaten

Rezept

Zubereitung

Tipp aus TV ●
oder von
Mutter ●
Oma ●
Kochbuch ●
Freundin ●
Freund ●
Eigenidee ●

Zutaten

Rezept

Zubereitung

Tipp aus TV ●
oder von
Mutter ●
Oma ●
Kochbuch ●
Freundin ●
Freund ●
Eigenidee ●

Zutaten

Rezept

Zubereitung

Tipp aus TV ●
oder von
Mutter ●
Oma ●
Kochbuch ●
Freundin ●
Freund ●
Eigenidee ●

Zutaten

Rezept

Zubereitung

Tipp aus TV ●
oder von
Mutter ●
Oma ●
Kochbuch ●
Freundin ●
Freund ●
Eigenidee ●

Zutaten

Rezept

Zubereitung

Tipp aus TV oder von
- Mutter ●
- Oma ●
- Kochbuch ●
- Freundin ●
- Freund ●
- Eigenidee ●

Zutaten

Rezept

Zubereitung

Tipp aus TV ●
oder von
Mutter ●
Oma ●
Kochbuch ●
Freundin ●
Freund ●
Eigenidee ●

Zutaten

Rezept

Zubereitung

Tipp aus TV ●
oder von
Mutter ●
Oma ●
Kochbuch ●
Freundin ●
Freund ●
Eigenidee ●

Zutaten

Rezept

Zubereitung

Tipp aus TV ●
oder von
Mutter ●
Oma ●
Kochbuch ●
Freundin ●
Freund ●
Eigenidee ●

Zutaten

Rezept

Zubereitung

Tipp aus TV oder von
- Mutter ○
- Oma ○
- Kochbuch ○
- Freundin ○
- Freund ○
- Eigenidee ○

Zutaten

Rezept

Zubereitung

Tipp aus TV oder von
- Mutter ○
- Oma ○
- Kochbuch ○
- Freundin ○
- Freund ○
- Eigenidee ○

Zutaten

Rezept

Zubereitung

Tipp aus TV oder von
- Mutter
- Oma
- Kochbuch
- Freundin
- Freund
- Eigenidee

Zutaten

Rezept

Zubereitung

Tipp aus TV ○
oder von
Mutter ○
Oma ○
Kochbuch ○
Freundin ○
Freund ○
Eigenidee ○

Zutaten

Rezept

Zubereitung

Tipp aus TV ●
oder von
Mutter ●
Oma ●
Kochbuch ●
Freundin ●
Freund ●
Eigenidee ●

Zutaten

Rezept

Zubereitung

Tipp aus TV oder von
- Mutter
- Oma
- Kochbuch
- Freundin
- Freund
- Eigenidee

Zutaten

Rezept

Zubereitung

Tipp aus TV ○
oder von
Mutter ○
Oma ○
Kochbuch ○
Freundin ○
Freund ○
Eigenidee ○

Zutaten

Rezept

Zubereitung

Tipp aus TV oder von
- Mutter
- Oma
- Kochbuch
- Freundin
- Freund
- Eigenidee

Zutaten

Rezept

Zubereitung

Tipp aus TV ●
oder von
Mutter ●
Oma ●
Kochbuch ●
Freundin ●
Freund ●
Eigenidee ●

Zutaten

Rezept

Zubereitung

Tipp aus TV ●
oder von
Mutter ●
Oma ●
Kochbuch ●
Freundin ●
Freund ●
Eigenidee ●

Zutaten

Rezept

Zubereitung

Tipp aus TV ●
oder von
Mutter ●
Oma ●
Kochbuch ●
Freundin ●
Freund ●
Eigenidee ●

Zutaten

Rezept

Zubereitung

Tipp aus TV ●
oder von
Mutter ●
Oma ●
Kochbuch ●
Freundin ●
Freund ●
Eigenidee ●

Zutaten

Rezept

Zubereitung

Tipp aus TV ●
oder von
Mutter ●
Oma ●
Kochbuch ●
Freundin ●
Freund ●
Eigenidee ●

Zutaten

Rezept

Zubereitung

Tipp aus TV ●
oder von
Mutter ●
Oma ●
Kochbuch ●
Freundin ●
Freund ●
Eigenidee ●

Zutaten

Rezept

Zubereitung

Tipp aus TV oder von
- Mutter
- Oma
- Kochbuch
- Freundin
- Freund
- Eigenidee

Zutaten